Bernhard Johannes Schmidt

Klartext kompakt:

Autismus und Studium

Eine ressourcenorientierte Perspektive

Bernhard J. Schmidt

Klartext kompakt:
Autismus
und Studium

© 2017 Solidar GmbH
Oberwarmensteinach
Alle Rechte vorbehalten.

ISBN: 978-3743162273

Herstellung und Verlag:
BoD – Books on Demand, Norderstedt.

Bibliografische Information der Deutschen Nationalbibliothek:
Die Deutsche Nationalbibliothek verzeichnet diese Publikation
in der Deutschen Nationalbibliografie; detaillierte bibliografische
Daten sind im Internet über http://dnb.dnb.de abrufbar.

Inhaltsverzeichnis

I. Vorwort 7
II. Einleitung 9
    1 Hin zur Eigenverantwortung 9
    2 Selbsterkenntnis 10
    3 Was bringe ich sowohl an "Hypotheken" als auch an "Ressourcen" mit? 11
    4 Wo möchte ich hin? 12
III. Autismus? 14
    1 Sensorische Perspektive 15
        1.1 Hypersensibilität 15
        1.2 Reizfilterschwäche 16
    2 Sozialpsychologische Perspektive 17
        2.1 Unbewusste Gruppeninteraktion ./. soziale Interaktion 18
        2.2 Mobbing 20
            2.2.a Dozenten und Tutoren 21
            2.2.b Autistische Studierende 22
        2.3 Kein "Autopilot" 23
            2.3.a Probleme mit der Orientierung 23
            2.3.b Hoher Energieverbrauch 24
        2.4 Diathese-Stress-Modell 25
    3 Entwicklungsdynamische Perspektive 27

- 4 Default-Mode / Task-Mode..........30
  - 4.1 Ressourcen..........33
    - 4.1.a Emulationslernen..........33
    - 4.1.b Lösungsorientierung..........34
    - 4.1.c Inter-esse..........35
- IV. Wissenschaft?..........37
  - 1.1 Wahrnehmung von Expertise..........38
  - 1.2 Group-Think..........39
  - 1.3 Zimbardos „Stanford Prison Experiment". 39
  - 1.4 Semmelweis-Reflex..........41
  - 2 Ressourcen..........41
  - 3 Weitere Fehlerquellen..........42
- V. Studium – und dann?..........44
  - 1 Sozio-emotionale Entwicklung / Soft-Skills...44
  - 2 Rechtzeitige Suche nach Arbeitsplatz/ Praktika..........45
  - 3 Abbau von Hürden..........47
  - 4 Auf- und Ausbau von Ressourcen..........48
    - 4.1 Entspannungstechniken..........48
    - 4.2 Synchrone Tätigkeiten..........49
    - 4.3 Soziale Kontakte..........49
    - 4.4 Flexibilität..........50
- VI. Nachwort..........52
- Literaturverzeichnis..........53

I. VORWORT

Die Ausbildung und anschließende Beschäftigung von Autisten liegt vor allem in der Verantwortung der Gesellschaft. Die bisherige Betrachtung von Autismus als sowohl statisch als auch isoliert, sowie die Beschränkung auf eine defizitäre Perspektive, ließen bisher die Bedeutung von autistischen Akademikern für die Gesellschaft übersehen.

Doch zum einen sind Autisten mit ihrer hohen Sensibilität (nicht nur der sensorischen!) ein Indikator für zugrunde liegende gesellschaftliche Probleme.

Wie die Kanarienvögel der Bergleute diesen gefährliche Gase anzeigten, so ist das starke Ansteigen von Autismus-Diagnosen vor allem eines: ein Zeichen für die wachsenden Probleme einer technisierten Wohlstandsgesellschaft.

Darüber hinaus hatten und haben Autisten jedoch – ausgestattet mit „Inter-esse", Emulationslernen und Unabhängigkeit von unbewusster Gruppeninteraktion – als Wissenschaftler, Ingenieure, Ärzte ... wichtige Aufgaben.

Autisten waren und sind bedeutsamer Teil des produktiven und innovativen Teils der Gesellschaft.

Mit den zunehmenden Problemen von Autisten in der Gesellschaft und dem Ausschluss vom ersten Arbeitsmarkt entstehen nicht nur Schwierigkeiten für Autisten, sondern für die Gesellschaft im Ganzen!

Durch die neue sozialpsychologische und entwicklungsdynamische Perspektive wird deutlich, welche Probleme für Autisten während des Studiums und auch danach entstehen können. Und es wird auch offenkundig, wie man Autisten nicht nur während des Studiums unterstützen kann – und was Studenten mit autistischen Ressourcen beachten sollten.
So richtet sich dieses Buch an beide Seiten, sowohl an autistische Studenten wie auch an die Mitarbeiter von Universitäten und Hochschulen.

II. EINLEITUNG

Die bisherige Fokussierung vorwiegend auf die kognitiven Aspekte des Studiums, also rein auf die Wissensvermittlung, ließ wesentliche Komponenten übersehen.

Unter einer sozialpsychologischen Perspektive besteht das Studium auch und vor allem aus sozialer Interaktion und unbewusster Gruppenkommunikation.
Dies ist insofern relevant, da Autismus gekennzeichnet ist durch Probleme mit bzw. Fehlen von unbewusster Gruppen-Interaktion/-Kommunikation.

Unter einer entwicklungsdynamischen Perspektive ist das Studium genauso wie Ausbildungen in allen Arbeitsbereichen ein wichtiger Teil des Übergangs (Transition) vom Jugendlichen zum Erwachsenen. Dieser Übergang ist gekennzeichnet durch folgende Punkte.

1 Hin zur Eigenverantwortung

Mit der Volljährigkeit und dem – häufig dem Studium vorausgehenden oder mit diesem einhergehenden – Verlassen des Elternhauses wird der Anteil eigener Entschei-

dungen und damit Verantwortung noch einmal um ein vielfaches größer.
Und auch wenn das Studium in Deutschland in weiten Teilen verschult wurde, so ist der Anteil der Eigenverantwortung und Selbstorganisation doch viel größer als in der Schule.
Anders als in der Schule, in der Inklusion vor allem eine Aufgabe für die Lehrkräfte, Schulbegleiter und Inklusionshelfer ist, liegt ein wesentlicher Teil der Verantwortung für die eigene, nicht nur akademische, Entwicklung bei den Studierenden selber! Auch wenn natürlich entsprechende Möglichkeiten der Entwicklung durch die Universitäten/ Hochschulen zu gewährleisten und Barrieren abzubauen sind.
Das Gelingen von Eigenverantwortung hat aber eine zentrale Voraussetzung:

2   Selbsterkenntnis

Dies erscheint im ersten Moment als trivial, entfaltet seine Bedeutung aber unter der sozialpsychologischen Perspektive. Während NT-Menschen (Neurologisch Typisch = keine Autisten) sich vor allem über die Zugehörigkeit zur Eigengruppe (in-group) definieren und auch entsprechende Rückmeldungen über Status, Fähigkeiten etc. durch die Gruppe erhalten, fehlt Autisten häufig aufgrund

des Fehlens unbewusster Gruppeninteraktion (und damit „no-group") genau dieses.
Die Fragen nach dem „Wer bin ich?", „Wo stehe ich?" sind folglich für Autisten schwieriger zu beantworten. Auch liegen häufig schon Jahre einer mehr oder weniger erfolgreichen Interaktion mit der Umwelt hinter autistischen Studierenden. Nicht selten haben Autisten deshalb körperliche wie psychische Probleme entwickelt (siehe: *Ganz, A.; Schmidt, B. J. (2016) „Klartext kompakt. Das Asperger Syndrom – Nicht nur für Psychotherapeuten*).
Unter dem Gesichtspunkten der Eigenverantwortung und Selbsterkenntnis ist deshalb die Beantwortung der Frage wichtig

3   Was bringe ich sowohl an "Hypotheken" als auch an "Ressourcen" mit?

Das Studium dient eben nicht nur der Wissensvermittlung, sondern ist zugleich eine wichtige Zeit und Möglichkeit der persönlichen, auch und gerade sozio-emotionalen Entwicklung!
D.h., dass die Zeit des Studiums die Möglichkeit bietet für den Abbau der "Hypotheken" und Aufbau von Ressourcen. Es bietet relativ bequem die Chance, Hypotheken wie z.B. Angststörungen etc. behandeln zu lassen.

Galten bisher eventuelle „Ko"-Morbiditäten (*Anmerkung: Autismus ist keine Krankheit! Deshalb sind Erkrankungen von Autisten auch keine „Ko"-Morbiditäten.*) als gottgegeben, wird mittels der neuen Perspektive sowohl die Entstehung als auch Möglichkeiten der Therapie deutlich (*siehe auch das Kapitel „Diathese-Stress-Modell"*).

Zugleich werden aber zudem die besonderen Fähigkeiten und Ressourcen von Autisten, auch und gerade im akademischen Umfeld, deutlich (*siehe auch das Kapitel „Default-Mode / Task-Mode"*)
Als Hilfe um sich als Studierender sowohl über die speziellen Ressourcen als auch Hypotheken klar werden zu können, gibt es im Internet unter www.barrierefrei.online entsprechende Fragebögen.
Eine weitere wichtige Frage, die insbesondere von autistischen Studierenden frühzeitig gestellt werden sollte, ist:

4 Wo möchte ich hin?

Diese Frage ist ganz konkret und praktisch gemeint.
Leider ist es so, dass viele Autisten nach dem Studium keinen Arbeitsplatz finden.
Ohne Teilnahme an der unbewussten Gruppeninteraktion ist zum einen die Orientierung für Autisten schwieriger,

zum anderen stoßen sie auf vielfältige Hindernisse, Vorurteile, Ablehnung und Ausgrenzungen.

So ist die frühzeitige Entwicklung von beruflichen Perspektiven schon während des Studium (und nicht erst danach) mehr als wichtig.

III. AUTISMUS?

Im Kontext von Forschung und Lehre ist es von besonderer Brisanz, dass es trotz vieler „Theorien" und tausender Studien die letzten 70 Jahre nicht gelungen ist, eine vereinheitlichte Autismus-Theorie zu entwickeln.

Zwar werden täglich hunderte neue „Puzzleteile" in Form von Autismus-Studien produziert, doch eine Theorie, die als Vorlage für die Zuordnung der Puzzleteile dienen würde, fehlte bisher. Der Bereich der Autismus-Forschung ist bis heute in einem vorwissenschaftlichen (protowisschenschaftlichen) Zustand [*siehe Kuhn, Thomas S. (1962/1967)*].

Schon zu Beginn des Studiums sollte man sich also darüber im Klaren sein, dass Wissenschaft manchmal funktionieren kann – aber nicht immer muss.

Die vielen Irr- und Umwege der letzten Jahrhunderte geben davon beredtes Beispiel (*siehe auch das Kapitel „Wissenschaft?"*).

Wechselt man jedoch von der bisherigen isolierten und statischen zu einer entwicklungsdynamischen und sozialpsychologischen Perspektive, wird offensichtlich, was Autismus ist.

Die für das Verständnis von Autismus vier wesentlichen Bereiche

1. Sensorische Perspektive
2. Sozialpsychologische Perspektive
3. Entwicklungsdynamische Perspektive
4. Default-Mode/Task-Mode

werden im Folgenden dargestellt.

1 Sensorische Perspektive

Häufig verfügen Autisten über abweichende sensorische Wahrnehmungen.
Bei der Wahrnehmung körpereigener/körperregulierender Funktionen wie Schmerzen, Temperatur etc. liegt häufig eine reduzierte Sensibilität (Hyposensibilität) vor.
Im Bereich der sensorischen Wahrnehmung der Umwelt durch Sehen, Hören, Fühlen, Riechen ... haben Autisten jedoch häufig zum einen eine erhöhte Sensibilität (Hypersensibilität). Zum anderen fehlen die Reizfilter, die unwichtige bzw. störende Reize herausfiltern.

1.1 Hypersensibilität

Hypersensibilität bedeutet, dass die Umwelt viel intensiver wahrgenommen wird als bei einer „normalen" Wahrnehmung. Im Bereich des Hörens kann man die hypersensible Wahrnehmung vergleichen mit einem zu laut gedrehten Hörgerät.

Zudem haben Untersuchungen gezeigt, dass Autisten eine deutlich höhere Sehschärfe haben.
Und auch die Wahrnehmung von Gerüchen ist deutlich intensiver ausgeprägt.
Dies sind alles Punkte, die sowohl positiv als auch negativ wirken können. So wird es zum Beispiel in einem überfüllten, reizüberfluteten Hörsaal für autistische Studenten schwer sein, sich zu konzentrieren.
Auf der anderen Seite können die besonderen sensorischen Fähigkeiten im Beruf von Vorteil sein.

1.2 Reizfilterschwäche

Reizfilterschwäche bedeutet, dass unangenehme und störende Reize nicht (automatisch) unterdrückt werden.
Für „normale" Menschen ist es kein Problem, die Stimme des Gesprächspartners auf einer Party gegen den Hintergrundlärm oder das Flackern bzw. Brummen einer Neonröhre herauszufiltern.
Autisten brauchen dagegen für die Konzentration z.B. auf die Stimme des Dozenten viel Energie, um diese gegen das Umgebungsrauschen herauszufiltern.
Ein überfüllter Hörsaal mit flackerndem, brummendem Neonlicht, den vielfältigen Ausdünstungen und Geräuschen der Kommilitonen etc. ist leider kein idealer Ort für Autisten.

Umso wichtiger sind Rückzugsmöglichkeiten zwischen den Vorlesungen/Seminaren, um entspannen und neue Energie tanken zu können.

2 Sozialpsychologische Perspektive

Eine „Störung der INTERaktion und KOMMUNikation" betrifft immer, wie die Bezeichnungen schon ausdrücken, mindestens zwei Teilnehmer.
Und findet nicht in einem Vakuum statt, sondern immer in einem sozio-kulturellen Umfeld.
Dies hat man geflissentlich die letzten 70 Jahre ignoriert und versucht, Autismus als Krankheit und allein durch vermeintliche Defizite von Autisten zu erklären.
Doch das Beispiel des (buddhistischen) Klosters, in dem es schattig, kühl und still ist, kaum Small-Talk existiert, die Tagesabläufe stark strukturiert und ritualisiert sind, zeigt, dass Autismus und dessen Wahrnehmung immer auch vom Umfeld abhängt. In einem buddhistischen Kloster wird das Drehen der Gebetsmühlen mit Sicherheit nicht als Stereotype, sondern als Frömmigkeit interpretiert werden.
Die Ergebnisse der sozialpsychologischen Forschung der letzten Jahrzehnte tragen aber noch viel mehr zum Verständnis von Autismus bei. Und das durch die Entschlüsselung menschlichen Gruppenverhaltens – besonders des

unbewussten Gruppenverhaltens von NT-Menschen (neurologisch typische Menschen = keine Autisten).

2.1 Unbewusste Gruppeninteraktion ./. soziale Interaktion

Der zentrale Unterschied, der notwendig ist zum Verständnis von Autismus und den daraus möglicher Weise resultierenden Problemen, ist der zwischen

- unbewusster Gruppeninteraktion und

- sozialer Interaktion

Dies wurde bisher fälschlicher Weise gleichgesetzt bzw. die unbewusste Gruppeninteraktion ignoriert.
Doch genau das, was Autisten bekanntermaßen weitgehend fehlt, nämlich

- Mimik und Gestik

- Imitation (auch z.B. in Form von Mode)

- Small-Talk

- ...

dient der unbewussten (!) Gruppenkommunikation!
Durch diese unbewusste Gruppenkommunikation wird die Zugehörigkeit zur (Eigen-) Gruppe, der Status innerhalb der Gruppe etc. vermittelt.

Dabei dient u.a. der Small-Talk der sozialen „Fellpflege" (grooming) und wird dieser deshalb häufig vom Kommunikationspartner erwartet.

Diese unbewusste Gruppenkommunikation führt auch zu unbewusstem Gruppenverhalten in Form von Konformität und Gehorsam sowie unbewusster Anpassung an die Gruppe (siehe z.B. die Experimente von Sherif, Ash, …).

Die unbewusste Gruppenkommunikation dient dabei als „Autopilot" und führt nicht selten zu einem zumindest teilweisen unbewussten, irrationalen und gruppenabhängigen Verhalten.

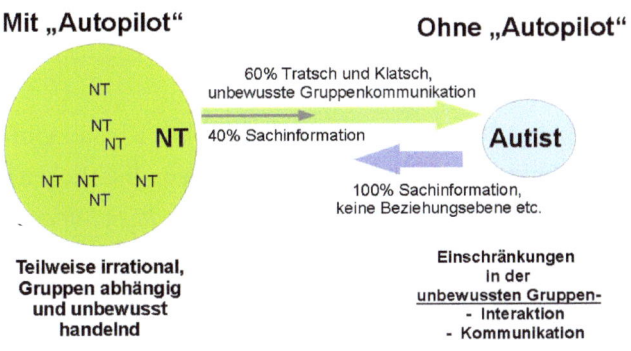

[siehe auch: Schmidt, Bernhard J. (2015/1)]

Autisten dagegen können aufgrund des Fehlens von Mimik, Gestik, Imitation etc. nicht an der unbewussten Gruppenkommunikation teilnehmen, werden nicht als Mitglieder der Gruppe identifiziert und deshalb häufig von sozialer (!) Interaktion ausgeschlossen, gemobbt etc. Doch wie bereits dargelegt, benötigen alle Menschen, auch und gerade Autisten, zu ihre Entwicklung und ihrem Wohlbefinden gelungene soziale (!) Interaktion.

2.2 Mobbing

Mobbing beginnt nicht erst bei kontinuierlichem aggressiven Verhalten einer Gruppe einem Menschen gegenüber, sondern schon beim Ausschluss von sozialer Interaktion.
Und natürlich finden sich leider auch Hochschulen alle Formen von Mobbing.

Dabei haben Autisten ein besonders hohes Risiko, Opfer von Mobbing zu werden, wobei die (gesundheitlichen) Folgen dramatisch sein können [*siehe auch: Schmidt, Bernhard J. (2016/2)*].

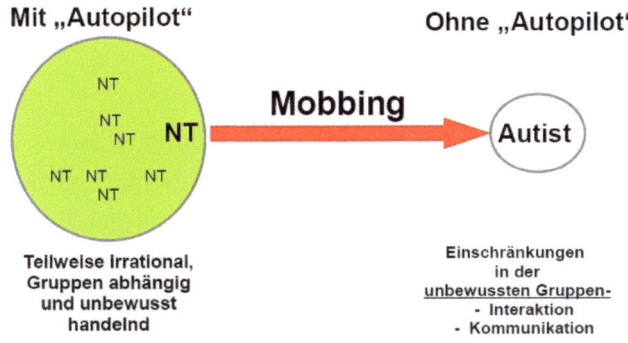

2.2.a Dozenten und Tutoren

Für Dozenten und Tutoren bedeutet dies, zum einen sensibel zu sein bezüglich möglichen Mobbing innerhalb der Studierenden, aber auch durch Kollegen.
Und zum anderen Inklusion nicht als reine Duldung zu verstehen.
„Inklusion ist aber nicht einfach ein passives Dulden der Anwesenheit eines in seinem physischen oder psychischen Sein von der Norm abweichenden Menschen, sondern ein aktiver und kontinuierlicher Prozess. Inklusion ist nicht einfach ein „dabei sein" dürfen, sondern ist immer auch eine Einladung, Aufforderung und Ermunterung zur Teilnahme an der sozialen Interaktion."
[*aus: Schmidt, Bernhard J. (2016/2)*]

2.2.b Autistische Studierende

Anders als z.B. in der Schule, wo man auf die Klasse festgelegt ist, bietet das Studium die Möglichkeit, sich passende Gruppen zu suchen, die nicht vorwiegend auf unbewusstem Gruppenverhalten basieren. Diese werden zum einen kaum zu Mobbing neigen und zum anderen auch erfolgreicher sein, da die unbewusste Gruppenebene weniger Einfluss hat. Hierzu Wetherell (1996):
„In jeder Gruppe von Individuen, die zu einem bestimmten Zweck zusammen kommt, gibt es eine bewusste, aufgabenorientierte Gruppe und eine zugrunde liegende, unbewusste Gruppe; das Funktionieren dieser zugrunde liegenden Gruppe kann im Widerspruch stehen zu den Anforderungen der Aufgabe. Damit soll nicht gesagt werden, dass Arbeitsgruppen nie funktionieren. Wir sind aus einer Vielzahl von Gründen – Arbeit, Politik, Interessen und Freizeit – Mitglieder in Gruppen und meistens schaffen wir es, die gestellten Aufgaben zu erfüllen. Die Leistung kann jedoch durch Ängste, derer wir uns vielleicht nicht bewusst sind, und durch Prozesse, die sich in der Gruppe zur Minderung der Ängste entwickeln, beeinträchtigt sein."

Es ist also Teil der Eigenverantwortung und Voraussetzung für eine gelingende Nutzung der Entwicklungsmöglichkeiten während des Studiums, sich durch negative Gruppenerfahrungen nicht abschrecken zu lassen, sondern sich auf die Suche nach passenden Gruppen und damit sozialer Interaktion zu machen.
Würde das Studium einzig und allein der Wissensvermittlung und dem Training von Fertigkeiten dienen, dann wären MOOCs (Massive Open Online Course) oder Fernuniversitäten der geeignetere Weg.

2.3 Kein "Autopilot"

So negativ auch die Folgen unbewussten Gruppenverhaltens sein können, so hat der „Autopilot" z.B. als Energiesparmodus und Orientierungshilfe auch Vorteile.
Ohne unbewusste Gruppen-Kommunikation und somit ohne Autopilot haben Autisten

2.3.a Probleme mit der Orientierung

Was NT-Studenten durch die (unbewusste) Orientierung an den Kommilitonen leicht fällt, ist dagegen für Autisten häufig nur unter Energieverbrauch möglich. Während NT-Studenten in der Gruppe „Mitschwimmen", müssen sich Autisten selber organisieren.

Dies bietet aber zugleich auch Freiheitsgrade eigene Wege zu gehen, sich unabhängig und im voraus auf das Studium vorzubereiten.
Findet man z.B. auf Youtube zwar hunderte Videos zum Verlauf des jeweiligen Studiums, so gibt es fast keine Videos zur Vorbereitung auf das Studium!
Innerhalb des Gruppenverhaltens wird auf den Startschuss des Semesterbeginns gewartet – eine vorherige Vorbereitung kommt anscheinend kaum in Betracht.
Doch die frühzeitige Auseinandersetzung mit und das Ausprobieren von entsprechender Software, Beschäftigung mit Statistik und Methodenlehre ... nimmt den Stress aus den ersten Wochen des Studiums.

2.3.b Hoher Energieverbrauch

Das Fehlen des Autopiloten als Energiesparmodus führt auch zu einem hohen Energieverbrauch. Dies heißt, dass einer ausgewogenen Ernährung, aber auch Sport und Entspannung besondere Beachtung geschenkt werden sollte.
Auch sollten die verfügbaren Ressourcen entsprechend eingeteilt werden. Hilfreich kann hier die „Löffel-Theorie" von Christine Miserandino sein.
In Kurzform geht es darum, sich bewusst zu machen, wie viele „Löffel" man zur Verfügung hat – und wie man diese am besten einsetzt.

2.4 Diathese-Stress-Modell

Es ist bekannt, dass Autisten häufig physische wie auch psychische Probleme haben. Wie diese entstehen bzw. wie man diese vermeiden kann, wird durch das Diathese-Stress-Modell deutlich.
Durch die sensorische Hypersensibilität als auch das Fehlen der unbewussten Gruppen-Kommunikation entstehen bei Autisten häufig Angst und Stress. Und diese können wiederum zu psychischen wie physischen Störungen führen.

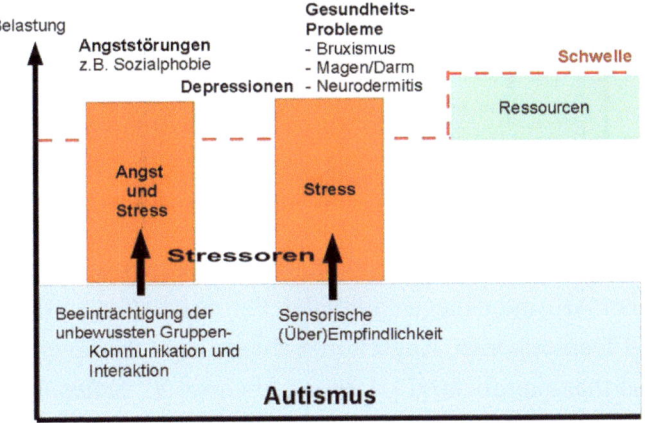

Angst und Stress als Katalysatoren von Erkrankungen sind also besondere Beachtung zu schenken bzw. abzubauen. Ziel sollte eine Belastungsbalance sein, in der zum einen genug Herausforderung und Interaktion für eine gesunde Entwicklung vorhanden ist, aber auch keine (dauerhafte) Überlastung über die Schwelle hinaus auftritt.

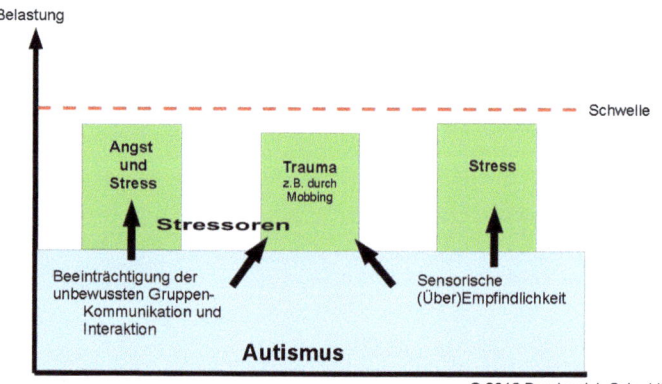

Bereits bestehende Erkrankungen psychischer wie physischer Art sind dagegen auf jeden Fall behandlungspflichtig! Depressionen, Angststörungen etc. sind therapierbar und therapiepflichtig! [*siehe auch: Ganz, A.; Schmidt, B. J. (2016)*]

3 Entwicklungsdynamische Perspektive

Obwohl Autismus den „tiefgreifenden Entwicklungsstörungen" zugeordnet ist – und Entwicklung prinzipiell etwas dynamisches ist, hat man bisher eine statische Sicht vertreten.
Die Fragen, was für eine gelungene Entwicklung notwendig ist und wie es zu einer Störung der Entwicklung kommen kann, wurde zumindest bei Autismus nicht gestellt.
Im Gegenteil hat man Autisten Entwicklung überhaupt abgesprochen.
Mittels der entwicklungsdynamischen Perspektive wird jedoch deutlich, dass alle Menschen, auch Autisten, eine gelungene soziale Interaktion zur Entwicklung brauchen.
Zugleich wird deutlich, dass Autisten durch das Fehlen der unbewussten Gruppeninteraktion ein besonders hohes Risiko haben, von sozialer Interaktion ausgeschlossen zu werden bzw. sich von dieser zurückzuziehen.
Bei Autisten, die an erfolgreicher sozialer Interaktion teilnehmen, wird es eben nicht zu einer Störung der Entwicklung kommen!

=> **Autismus ist keine Krankheit oder Störung, sondern eine Vulnerabilität!**

Und auch wird durch ein entwicklungsdynamische Betrachtung deutlich, dass die reine Fokussierung auf die kognitive Entwicklung viel zu kurz gegriffen ist!

=> Die sozio-emotionale Entwicklung ist mindestens so wichtig wie die kognitive!

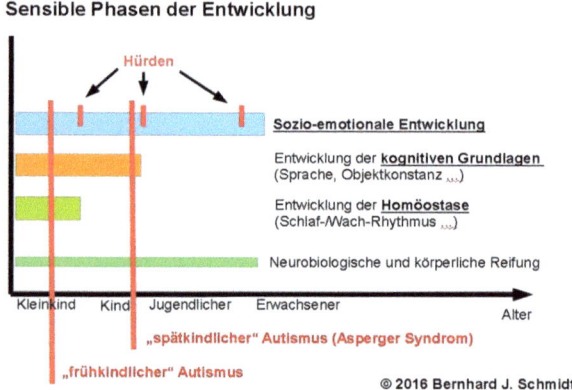

Bei Asperger und hochfunktionalen („spätkindlichen") Autisten, bei denen es erst nach „Aushärtung" u.a. der kognitiven Entwicklung zu einer Störung kommt, steht die sozio-emotionale Entwicklung besonders im Fokus. Bis heute wurden dissoziative Persönlichkeitsstrukturen, die sich aufgrund z.B. fehlender sozialer Interaktion oder

Traumatisierung ausgebildet haben, mit Autismus gleichgesetzt.

Entwicklungsdynamik

„tiefgreifende ENTWICKLUNGS-Störung" ?

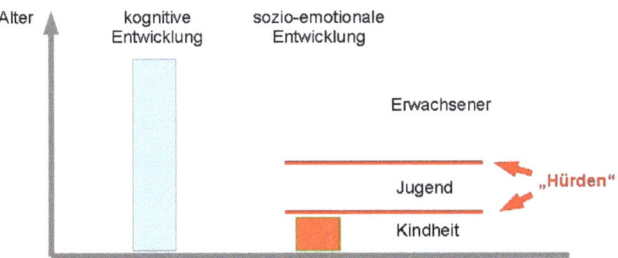

So wünschenswert eine gelungene kognitive Entwicklung auch ist, für ein gutes Leben ist die sozio-emotionale Entwicklung von weitaus größerer Bedeutung.

Auch Autisten sind soziale Wesen, brauchen soziale Interaktion, brauchen Freunde und Familie, Austausch und Gemeinsamkeit für ihre Gesundheit und ein erfülltes Leben.

Die Bedeutung und auch die Möglichkeiten des Studiums für die sozio-emotionale Entwicklung sollten nicht unterschätzt sondern genutzt werden. Entsprechende Angebote der Hochschulen, auch in Form von Selbsthilfegruppen, wären wünschenswert.

4 Default-Mode / Task-Mode

Für den akademischen Bereich von besonderer Bedeutung und zugleich Ursache für viele Missverständnisse und Irritationen – vor allem auf Seiten der autistischen Studierenden – ist der Unterschied zwischen „Default-Mode" und „Task-Mode".

Die Grundthese, basierend auf Ergebnissen der Hirnforschung im Bereich von „Default-Mode-Network" DMN und „Task-Positiv-Network" TPN, lautet dabei, dass Autisten der „Default-Mode" fehlt, sich aber NT-Menschen (also auch NT-Wissenschaftler) in Wohlstandsgesellschaften hauptsächlich in diesem befinden [*siehe auch Schmidt, Bernhard J. (2015/2)*].

Der DM (Default-Mode) ist zuständig für den Gruppenzusammenhalt und das Gruppenverhalten. Er dient als Autopilot und als Energiesparmodus. Er tritt auf, wenn keine Aufgaben (Tasks) zu lösen sind.

Die Gruppenorientierung zeigt sich u.a. an der Imitation der anderen Gruppenmitglieder, an Konformität und Gehorsam, an Klatsch und Tratsch (Small-Talk) als soziale „Fellpflege".

Default-Mode / Task-Mode

Der TM (Task-Mode) dagegen wird bei zu lösenden Aufgaben aktiviert und zielt somit auf Problemlösung, ist dadurch aber auch sehr energieintensiv, sucht neue Wege (Emulation) und ist geprägt durch Interesse, also das Vertiefen in das jeweilige Problem/Thema.

Noch vor ca. 100 Jahren lebten weitgehend alle Menschen im Task-Mode, weil sie einen täglichen Kampf ums Überleben kämpften – in direkter Auseinandersetzung mit der Natur und ohne technische Hilfsmittel wie Strom etc. Das Fehlen des DM bei Autisten wurde deshalb auch nicht wahrgenommen.

Heute jedoch überwiegt bei NT-Menschen aufgrund der Technisierung unserer Wohlstandsgesellschaft der DM. Selbst beim Auftauchen von ernsthaften Problemen wird nicht mehr in den Task-Mode umgeschaltet, verharrt man im Default-Mode. Die Zahl von Talk-Shows zu aktuellen Problemen gibt davon beredtes Zeugnis. Talk-Shows sind Klatsch und Tratsch viel näher als realen Problemlösungen und folgen der Devise „Gut, dass wir drüber geredet haben".

Abhängig vom jeweiligen Fachbereich, ob z.B. Teil von „science" oder „humanities", wird der Anteil der DM-Kommunikation verschieden hoch sein. Doch zu finden ist diese überall!

Auch in den „harten Naturwissenschaften" wirken durchaus auch (unbewusste) Gruppenprozesse.

Default-Mode DM	Task-Mode TM
„Autopilot"	-
Energiesparmodus	Energieintensiv
Imitationslernen / Überimitation	Emulationslernen
Gruppenorientiert	Aufgaben- und Lösungsorientiert
Oberflächlichkeit, Klatsch und Tratsch	Inter-esse
▼	▼
NT-Menschen in Wohlstandsgesellschaften	**AS-Menschen**
▼	▼
in-group / out-group	no-group
Vorurteile (prejudice)	Keine Vorurteile
Konformität / Gehorsam	Heterogenität
Unbewusste Gruppenbindung (groupathy)	Freiheit
„pretend play" „pretend science"	-

Nicht mehr Problemlösungsfähigkeiten sind heutzutage wichtig, sondern die sogenannten „Soft Skills", also letztlich Gruppenverhalten.
Autistische Studierende werden sich während des Studiums das ein oder andere Mal wundern, warum nicht an Lösungen gearbeitet und über Lösungswege diskutiert wird, sondern Gruppenprozesse im Vordergrund stehen. Häufig wird diese Gruppeninteraktion von Autisten nicht (sofort) verstanden – und von daher auch nicht adäquat geantwortet/reagiert.

4.1 Ressourcen

Der Task-Mode gehört zu den zentralen Ressourcen von Autisten, auch wenn dies in einer Default-Mode-Gesellschaft kaum gewürdigt wird.
Es sind folgende Fähigkeiten, die hier hervorzuheben sind:
1. Emulationslernen
2. Lösungsorientierung
3. Interesse

4.1.a Emulationslernen

Lehre baut fast immer, auch an Hochschulen, auf Imitation, also auf der Nachahmung der Lehrer/Dozenten, auf.

Das Problem dabei ist jedoch, dass nur die gleichen Wege und das gleiche Wissen immer wieder reproduziert werden. Neue Wege zu suchen erscheint häufig nicht nur als nicht wünschenswert, sondern geradezu als Insubordination. Nicht selten fällt das „Argument":
„Wir haben das schon immer so gemacht."
Durch Imitation des Verhaltens der anderen Gruppenmitglieder wird die Gruppenzugehörigkeit kommuniziert und gefestigt – auf Kosten der Problemlösungsfähigkeiten.

Emulationslernen als Gegensatz zur Imitation ist dagegen die permanente Suche nach neuen/eigenen Lösungswegen. Und bietet so überhaupt die Chance für neue Lösungsansätze. Unter dieser Perspektive ist es also kein Wunder, dass nicht selten wissenschaftliche Revolutionen von Außenseitern und nicht aus der „scientific community" kommen.

4.1.b   Lösungsorientierung

Die Orientierung an der (zugrundeliegenden unbewussten) Gruppenebene und damit einhergehende Konformität und Imitation steht einer Lösungsorientierung bei NT-Menschen häufig im Wege.
Autisten dagegen, solange nicht psychische Strukturen wie z.B. eine narzisstische Persönlichkeitsstruktur dage-

gen stehen, sind weitgehend immun gegen Gruppenorientierung.
Lösungsorientierung statt Gruppenorientierung ist, zumindest im einem richtigen (toleranten) Umfeld, eine sehr starke Ressource von Autisten.

4.1.c Inter-esse

Die Fähigkeit, sich in eine Materie vollkommen zu vertiefen, und dies in Verbindung mit häufig sehr guten Gedächtnisleistungen sowie visueller Denkfähigkeit, ist eine weitere wichtige Ressource.
Dieser steht bei NT-Menschen häufig eine ausgeprägte, an der Gruppe und nicht Lösung orientierte Oberflächlichkeit gegenüber.

Autisten im Emulationsmodus, mit Interesse und weitgehend frei von Gruppenorientierung sind also eigentlich ideale Wissenschaftler, Ingenieure … ! Deshalb ist die Enttäuschung von Autisten über die real existierenden Bedingungen in Wissenschaft und Forschung häufig groß – sollte aber nicht zum Abbruch des Studiums führen.

Auch in Forschung und Lehre überwiegt mittlerweile der DM, wofür die Metaanalysen z.B. des Cochrane-Netzwerks ein verstörendes Beispiel sind.

Bei den Analysen werden nicht selten bis zu 90% der thematisch relevanten Studien aufgrund methodischer Mängel verworfen. Ein Großteil aktueller Veröffentlichungen erfüllen also trotz oder gerade wegen der aktuellen Lehre nicht die Grundanforderung an die wissenschaftliche Methodik!
Es gilt vielmehr ein oberflächliches und irrationales „Publish or perish".

Und dies steht nicht selten in direktem Kontrast zum Inter-esse und der Lösungsorientierung von Autisten.
Nicht selten sind auch an Hochschulen die „Soft skills" wichtiger als die wissenschaftlichen Fähigkeiten – und das nicht selten zur Verwunderung und zum Nachteil von Autisten.
Die von Wetherell (1996) beschriebene unbewusste Ebene von Gruppen erschließt sich für Autisten nicht.
So werden Autisten nicht selten als Störfaktoren wahrgenommen – auch an Hochschulen – weil sie nicht Teil der unbewussten Gruppeninteraktion sind.
Auch werden Autisten häufig als „unfreundlich" wahrgenommen, weil sie nicht an der unbewussten Gruppeninteraktion teilnehmen und so nicht die Erwartungen an diese erfüllen.
Dies gilt es von Seiten der Wissenschaftler und Dozenten zu reflektieren.

IV. WISSENSCHAFT?

Studium heißt die Begegnung mit Forschung und Lehre, mit Wissenschaft. Die zentrale Frage, um unnötige Irritationen zu vermeiden, ist:
Funktioniert Wissenschaft?

Der Anspruch an menschliches Handeln im allgemeinen und das wissenschaftliche im besonderen als bewusst, rational und autonom (= BRAHM-Dogma – bewusst, rational und autonom handelnde Menschen) ist hoch.
Die Sozial-Psychologie dagegen zeigt, dass menschliches Verhalten in Wirklichkeit zu einem großen Teil unbewusst, irrational und gruppenabhängig ist.
Und auch Wissenschaftler sind davon erst einmal nicht prinzipiell ausgenommen.
Wissenschaft, Forschung und Lehre wird von Menschen (Wissenschaftlern) gemacht, die den gleichen Gruppenprozessen unterliegen wie andere Menschen auch!
Beispiele für Gruppenprozesse sind [*siehe auch Schmidt, Bernhard J. (2015/1)*] u.a.

1.1 Wahrnehmung von Expertise

„Die wahrgenommene Gültigkeit von Informationen ist immer eine Funktion aus sozialen und relationalen Faktoren wie der wahrgenommen Quelle einer Botschaft, dem Ausmaß, in dem diese über einvernehmlichen Rückhalt verfügt, und dem Ausmaß, in dem die Zielgruppe die Quelle als positive Referenzgruppe definiert, also inwieweit Übereinstimmung mit den Normen der Eigengruppe gegeben ist. Der sogenannte informationale Einfluss ist nicht nur rein kognitiver Natur, sondern hat auch eine soziale und normative Komponente.
Es gibt tatsächlich keine Möglichkeit, überzeugende oder gültige Informationen unabhängig vom sozialen Kontext, in dem sie erfasst werden, zu definieren. Die gleiche Information, die eine Gruppe überzeugt, wird eine andere nicht überzeugen. Der Experte einer Gruppe ist der Spinner einer anderen. Man akzeptiert den Einfluss von Experten nicht aufgrund der Informationen, die sie geben (wenn man selbst kein Experte ist, wie soll man deren Qualität beurteilen können?), sondern erkennt Informationen als gültig an, weil die Informationsgeber als Experten gelten (Moscovici, 1976)"
[*Turner (2005)*]

1.2 Group-Think

Ein großes Problem nicht nur für die Politik, wie von Janis (1972) beschrieben, sondern auch für die Wissenschaft, ist das Gruppendenken (group-think). Irving Janis hatte eine Vielzahl katastrophaler Entscheidungen der amerikanischen Politik und die diesen zugrunde liegenden Strukturen untersucht.

„Gruppendenken ist ein Prozess, bei dem eine Gruppe von an sich kompetenten Personen schlechtere oder realitätsfernere Entscheidungen als möglich trifft, weil jede beteiligte Person ihre eigene Meinung an die erwartete Gruppenmeinung anpasst. Daraus können Situationen entstehen, bei denen die Gruppe Handlungen oder Kompromissen zustimmt, die jedes einzelne Gruppenmitglied unter anderen Umständen ablehnen würde."
[aus wikipedia.de „Gruppendenken"]

1.3 Zimbardos „Stanford Prison Experiment"

Zimbardo wollte an der Stanford Universität den Einfluss eines Gefängnisaufenthalts auf die Gefangenen untersuchen. Hierfür ließ er in den Keller der Universität ein „Gefängnis" einbauen.

Nicht gerechnet hatte er jedoch mit den zutage tretenden Gruppenprozessen:

„Am Ende von nur sechs Tagen mussten wir unser simuliertes Gefängnis schließen, weil das, was wir sahen, erschreckend war. Es war für die meisten Testpersonen (bzw. für uns) nicht mehr offensichtlich, wo die Realität endete und wo das Rollenspiel begann. Die Mehrzahl war tatsächlich zu Gefangenen oder Wärtern geworden und konnte nicht mehr klar zwischen Rollenspiel und Selbst unterscheiden. Es gab dramatische Veränderungen bei praktisch allen Aspekten ihres Verhaltens, Denkens und Fühlens. In weniger als einer Woche machte die Erfahrung der Gefangenschaft das lebenslang Gelernte (temporär) zunichte; menschliche Werte wurden außer Kraft gesetzt, Selbstkonzepte infrage gestellt und die hässlichste, übelste, pathologische Seite der menschlichen Natur kam zutage. Wir waren entsetzt, weil wir einige Jungs (Wärter) sahen, die andere behandelten, als ob sie verabscheuungswürdige Tiere wären und sich an Grausamkeiten erfreuten, während andere Jungs (Gefangene) unterwürfige, entmenschlichte Roboter wurden, die nurmehr an Ausbruch dachten, an ihr eigenes Überleben und an ihren wachsenden Hass gegenüber den Wärtern." [*Zimbardo (1979)*]

1.4 Semmelweis-Reflex

Die Reaktion auf die Entdeckung von Dr. Semmelweis, dass das Waschen der Hände mit einer desinfizierenden Lösung vor der Behandlung von Schwangeren die Sterblichkeitsrate dieser massiv senkt, ist eines der trostlosen Beispiele für das Versagen von Wissenschaft.
Statt die Erkenntnisse von Dr. Semmelweis umzusetzen, ließ man diesen in eine psychiatrische Klinik einweisen, in der er nach kurzer Zeit unter mysteriösen Umständen ums Leben kam. Es dauerte dann noch Jahrzehnte, bis die Hände-Desinfektion vor einer Behandlung eingeführt wurde.
Seither wird das ungeprüfte Verwerfen einer wissenschaftlichen Theorie als „Semmelweis-Reflex" bezeichnet.

2 Ressourcen

Auch Autisten handeln und denken nicht fehlerfrei. Doch das Risiko des Auftretens von Fehlern aufgrund von (unbewusstem) Gruppenverhalten ist deutlich niedriger.
Es wäre Aufgabe von Wissenschaft und Wirtschaft, diese geistige Unabhängigkeit zu schätzen und zu nutzen.

3   Weitere Fehlerquellen

Untersuchungen in der Sozialpsychologie zeigen:
Wissen wirkt nicht immer auf das Handeln.
[*siehe z.B. Dunning, David (2005)*]
Trotz des Wissens um den Semmelweis-Reflex tritt dieses Verhalten immer wieder auf, wie auch zur Zeit im Bereich der Autismus-Forschung [*siehe Schmidt, Bernhard J. (2016) "Autismus – Wenn Händewaschen hilft"*).

Zudem wurde in Experimenten gezeigt, dass Wahrnehmungsverzerrungen wie der Endowment-Effekt auch dann auftreten, wenn diese vorher besprochen und erklärt wurden. [*Dunning, David (2005)*]
So ist die Idee, dass die Vermittlung von Wissen auch mehr oder minder direkt das Handeln beeinflusst, leider eine Illusion.

Zusammenfassend bleibt festzustellen:

Wissenschaft funktioniert – manchmal.
Sie funktioniert dann, wenn die Sozial-Psychologie die Grenzen und Beeinflussungen menschlichen Denkens und Handelns aufzeigt.

Sie funktioniert, wenn das Cochrane-Netzwerk die methodischen Probleme aufdeckt und Forschungsergebnisse kritisch beleuchtet.
In vielen Fällen, wie z.b. bei über 70 Jahre Autismusforschung, funktioniert Wissenschaft aber auch nicht.
Wissenschaft wird von Menschen gemacht, findet immer in einem sozio-kulturellen Umfeld statt und wird durch dieses beeinflusst [*siehe Feldmann, Klaus (2011)*].
Wissenschaft ist deshalb nie so objektiv, wie es dargestellt wird.
So ist z.B. für Menschen aus bildungsfernen Schichten der Zugang zu einem Studium und die Durchführung desselben auch heute noch sehr erschwert. Auch hier können die Ergebnisse der Sozialpsychologie bezüglich Gruppenverhalten hilfreich sein.

Die frühere lösungsorientierte Wissenschaft einzelner weitgehend unabhängiger Forscher ist zu einem großen Teil einer gruppenabhängigen Tätigkeit im Default-Mode gewichen, ist, vergleichbar dem „pretend play" (so tun als ob Spiel), zur „pretend science" geworden. Dies macht es Autisten nicht leichter.
Doch lohnt es sich, nach den ca. 10-20% funktionierender Wissenschaft und nach Wissenschaftlern, die diesen Namen verdienen, zu suchen. Es gibt sie an allen Hochschulen.

V. STUDIUM – UND DANN?

Viele Autisten enden auch nach einem Hochschulabschluss in der Arbeitslosigkeit!
So sollte schon während des Studiums die Frage nach dem weiteren Werdegang bedacht werden.
Wissenschaftliche Qualifikation reicht heute häufig nicht aus, um erfolgreich im Berufsleben zu sein.

1 Sozio-emotionale Entwicklung / Soft-Skills

Deshalb sollte die sozio-emotionale Entwicklung, die Entwicklung von „Soft Skills" berücksichtigt werden.
Die aktive Teilnahme an entsprechenden Gruppen und nicht der Rückzug von diesen ist hier der Weg.
So reizvoll und verlockend auch der Rückzug in das eigene Spezialgebiet sein mag – die soziale Interaktion ist wichtiger! Wenn Autisten z.B. berichten, dass sie Redewendungen wörtlich und Witze kaum verstehen, dann liegt dies an fehlender sozialer Interaktion.
An den Hochschulen liegt es, Möglichkeiten zur Interaktion anzubieten, zu dieser aufzufordern. An den Studierenden dagegen liegt es, diese auch wahrzunehmen.
Es ist ein großer Irrtum zu glauben, man würde autistischen Studierenden einen Gefallen tun, wenn man sie von

Gemeinschaftsprojekten befreit! Was auf den ersten Blick als sinnvoll weil einfach erscheint, wirkt langfristig, auch im Hinblick auf die Integration in den ersten Arbeitsmarkt, kontraproduktiv!
Die Fokussierung auf Wissensvermittlung und kognitive Entwicklung ließ leider bisher die Bedeutung der sozio-emotionalen Entwicklung – auch während des Studiums – übersehen.
Die Schilderungen prominenter autistischer Akademiker wie Dr. Christine Preissmann und Dr. Peter Schmidt führten bisher leider zu der falschen Annahme, dass eine eingeschränkte sozio-emotionale Entwicklung und Autismus untrennbar miteinander verbunden sind. Dies ist jedoch nicht der Fall!
Der Schlüssel zu einer erfolgreichen sozio-emotionalen Entwicklung liegt in der sozialen (!) Interaktion, auch während des Studiums und auch wenn Autisten diese häufig schwer fällt bzw. davon ausgeschlossen werden.

2   Rechtzeitige Suche nach Arbeitsplatz/ Praktika

Das, was eigentlich ein Vorteil sein sollte, nämlich die aufgrund fehlenden unbewussten Gruppenverhaltens vorhandenen Stärken und Ressourcen von Autisten, sind leider zugleich häufig auch das größte Hindernis.

Ohne „Autopilot" fällt Autisten die Orientierung schwerer, schwimmen sie nicht in der Gruppe einfach mit. Ausgeschlossen von sozialer Interaktion aufgrund fehlender unbewusster Gruppeninteraktion kann die sozio-emotionale Entwicklung beeinträchtigt sein und können sich psychische Probleme wie Angststörungen entwickeln.

Dies alles macht die Suche nach einem adäquaten Arbeitsplatz schon nicht einfach.
Die weit verbreitete Erwartung an Teilnahme am unbewusstem Gruppenverhalten – auch „soft-skills" genannt, macht die Sache zusätzlich schwieriger.

Der Suche nach einem geeigneten Arbeitgeber sollte also möglichst frühzeitig Beachtung geschenkt werden.
Betriebspraktika können hier den Weg zu einer zukünftigen Anstellung ebnen.
Auch hier wäre das Engagement von Hochschulen wünschenswert, zumal in den letzten Monaten zwei der wenigen Organisationen, die sich um die Vermittlung von Autisten in den Arbeitsmarkt gekümmert haben (autworker eG und Specialisterne), die Tore geschlossen haben.
Zudem waren diese und sind die verbleibenden hauptsächlich auf den IT-Bereich eingeschränkt. Zudem sind sie bezüglich der Kapazitäten eher ein Tropfen auf den heißen Stein.

3 Abbau von Hürden

Wie schon eingangs erwähnt, sollten möglichen physischen wie psychischen Störungen ernst genommen werden. Probleme wie Angststörungen, Depressionen etc. sind nicht nur der Lebensqualität abträglich, sondern stehen auch häufig einer Integration in den Arbeitsmarkt im Wege.
Häufig haben Autisten z.B. Schwierigkeiten mit Telefonieren. Dies ist jedoch kein unabänderliches Schicksal, sondern kann geübt werden.
Gesundheitliche Probleme, die vor allem durch Angst und Stress entstehen, sollten auch Beachtung finden.
Der Abbau von Angst und Stress ist immer von zentraler Bedeutung.
Eine große aktuelle schwedische Studie [*Hirvikoski, Tatja, et al. (2015)*] hat gezeigt, dass Autisten ein 2,5fach erhöhtes Sterblichkeitsrisiko haben!
Die Behandlung etwaiger psychischer oder physischer Probleme dient also nicht nur der Integration in den Arbeitsmarkt, sondern vor allem auch der Lebensqualität insgesamt.

4 Auf- und Ausbau von Ressourcen

Wie bereits im Kapitel über das „Diathese-Stress-Modell" gezeigt, ist die Höhe der Schwelle abhängig von verfügbaren Ressourcen.
Je mehr Ressourcen also verfügbar sind, umso höher ist die Schwelle, ab der es zu einer Überlastung kommt.
So gut auf der einen Seite die „bauartbedingten" Ressourcen in Form von Emulationslernen, Inter-esse und Unabhängigkeit von unbewusstem Gruppenverhalten sind.
Und so verständlich auch der Rückzug von sozialer Interaktion und Fokussierung auf das eigene Spezialgebiet als Reaktion auf negative Erlebnisse ist.
Für die Entwicklung und eine hohe Lebensqualität sind der Aufbau von zusätzlichen Ressourcen notwendig.

4.1 Entspannungstechniken

Begreift man die Bedeutung von Angst und Stress aufgrund fehlender unbewusster Gruppen-Kommunikation und Hypersensibilität, so wird auch der Nutzen von Entspannungstechniken deutlich.
Es ist eine wesentliche Ressource in Stresssituationen, Möglichkeiten zur Entspannung zur Verfügung zu haben.

Eine Informationsschrift zu *„Autismus, Stress und Entspannung"* steht unter auf der Seite

    www.autismusberatung.info/

unter *„kostenlose Informationen"* zur Verfügung.

4.2 Synchrone Tätigkeiten

Teil des unbewussten Gruppenverhaltens von NT-Menschen ist auch die Synchronisierung mit anderen Gruppenmitgliedern. Synchrone Tätigkeiten, so haben Untersuchungen gezeigt, heben das Selbstwertgefühl, welches wiederum eine wichtige Ressource z.B. für die Gefühlsregulation ist.

Ohne unbewusste Gruppeninteraktion sollten Autisten bewusst mit anderen Teilnehmern synchrone Tätigkeiten wie Chorsingen, Mannschaftsrudern ... ausüben.

4.3 Soziale Kontakte

Die Bedeutung sozialer Interaktion, also auch von sozialen Kontakten, durchzieht dieses Buch wie ein roter Faden. Neben der Bedeutung für die sozio-emotionale Entwicklung dienen soziale Kontakte aber vor allem auch

- dem Aufbau von Selbstwertgefühl

- dem Schutz vor Angststörungen

- dem Schutz vor Depressionen

- ...

Der Aufbau und die Pflege sozialer Kontakte, auch außerhalb der Hochschule, sollte also auch Berücksichtigung finden. Zu empfehlen sind hier Gruppen mit einem Schwerpunkt auf den „Task-Mode" wie Repair-Cafes, Hilfsorganisationen wie THW, Feuerwehr ...
Es sollte auch deutlich geworden sein, dass Gruppen im „Default-Mode" für Autisten eher ungeeignet sind.

4.4 Flexibilität

So sehr Routinen und Rituale sowie das Beharren auf Gleichförmigkeit beruhigen und Sicherheit geben mögen – sie behindern auch zugleich.
Wenn auch vielfach anders dargestellt, so ist nichts erstrebenswertes daran, immer die gleichen Dinge zu essen, die gleichen Wege zu gehen, sich gleich zu verhalten.
Leben bedeutet Vielfalt – und die gilt es mutig zu erkunden.

„Vernunft und Freiheit sind Tätigkeitsvermögen"
(Thomas von Aquin)

Bei Autisten bedeutet dies, sich im Bewusstsein der Funktionen von Routinen und Ritualen doch von diesen zu lösen und immer mehr Flexibilität in den Lebensäußerungen anzustreben.
D.h. bewusst neue Wege zu gehen und neue Dinge auszuprobieren. Und zwar dann, wenn man die notwendigen Ressourcen dafür hat und nicht, wenn man gestresst ist.
Flexibilität in den Lebensäußerungen ist nicht nur wichtig für ein erfolgreiches Berufsleben, sondern auch für die eigene Lebensqualität.

VI. NACHWORT

Ziel eines Studiums sollte nicht nur die Wissensvermittlung sein, sondern auch und vielleicht sogar wesentlich die sozio-emotionale Entwicklung durch soziale Interaktion.
Ziel sollte nicht nur eine anschließende berufliche Tätigkeit, sondern die Erhöhung der Lebensqualität im Ganzen sein.
Neben dem Erwerb akademischen Wissens sollte von daher der Abbau von Hürden in Form von z.B. Angststörungen etc. und der Aufbau von Ressourcen auf der Agenda stehen.

Auch wenn dafür die autistischen Studierenden die Hauptverantwortung tragen, so ist es doch auch die Aufgabe der Hochschulen und ihrer Mitarbeiter, Autisten dabei zu unterstützen und entsprechende Angebote zu machen. Autisten nicht auszugrenzen, sondern sie einzubinden in soziale Interaktionen.

Für autistische Studierende kein Weg zum Erfolg ist auf jeden Fall die Vermeidung von sozialer Interaktion innerhalb und außerhalb der Hochschule.

LITERATURVERZEICHNIS

Dunning, David (2005): Self-Insight. Roadblocks and Detours on the Path to Knowing Thyself. New York, N.Y: Psychology Press.

Feldmann, Klaus (2011): Wissenschaftstheorie, Wissenschaftsforschung, Wissenschaftspraxis, Wissenschaftsvermittlung. Hannover/Wien.
Online verfügbar unter
http://feldmann-k.de/lehre/wissenschaftstheorie-und-praxis.html?file=tl_files/kfeldmann/Wissenschaftstheorie/wissenschaftstheoriefeldmann-10.pdf.

Ganz, Andreas; Schmidt, Bernhard J. (2016):
Klartext kompakt.
Das Asperger Syndrom – nicht nur für Psychotherapeuten
1. Aufl. Norderstedt: Books on Demand.
ISBN: 978-3839141380

Hirvikoski, Tatja, et al. (2015):
Premature mortality in autism spectrum disorder.
In: The British Journal of Psychiatry

Janis, Irving (1972) Victims of Groupthink: A Psychological Study of Foreign-Policy Decisions and Fiascoes. Houghton Mifflin, ISBN 0-395-14044-7.

Kuhn, Thomas S. (1962/1967, 1996): The Structure of Scientific Revolutions. Chicago (University of Chicago Press) 1962; deutsch: Die Struktur wissenschaftlicher Revolutionen. Frankfurt a. M. (Suhrkamp) 1967, 1996

Schmidt, Bernhard J. (2015/1):
Autist und Gesellschaft - Ein zorniger Perspektivenwechsel. Band 1: Autismus verstehen.
1. Aufl. Norderstedt: Books on Demand.
ISBN: 978-3734757402

Schmidt, Bernhard J. (2015/2):
Autist und Gesellschaft - Ein zorniger Perspektivenwechsel. Band 2: Hilfen für Autisten?
1. Aufl. Norderstedt: Books on Demand.
ISBN: 978-3734792687

Schmidt, Bernhard J. (2016/1):
Klartext kompakt.
Das Asperger Syndrom - für Arbeitgeber.
1. Aufl. Norderstedt: Books on Demand.
ISBN: 978-3739228082

Schmidt, Bernhard J. (2016/2):
Klartext kompakt. Das Asperger Syndrom –
Zwischen Mobbing und Inklusion
1. Aufl. Norderstedt: Books on Demand.
ISBN: 978-3839147917

Turner, John C. (2005): Explaining the nature of power: a three-process theory. In: Eur. J. Soc. Psychol. 35 (1), S. 1–22. DOI: 10.1002/ejsp.244.

Wetherell, Margaret (Hg.) (1996): Identities, groups and social issues. London: SAGE.

Zimbardo, Philip G. (1972):
The Pathology of Imprisonment. Online:
http://www.vonsteuben.org/ourpages/auto/2013/9/16/39586652/Zimbardo%20Pathology%20of%20Imprisonment.pdf